Jonathan excellent MUETU

REDÉFINIR LA PRIÈRE

Jonathan excellent MUETU

REDÉFINIR LA PRIÈRE

En réalité dans l'homme c'est l'esprit

Éditions Croix du Salut

Cover image: www.ingimage.com

Publisher:
Éditions Croix du Salut
is a trademark of
Dodo Books Indian Ocean Ltd. and OmniScriptum S.R.L publishing group

120 High Road, East Finchley, London, N2 9ED, United Kingdom
Str. Armeneasca 28/1, office 1, Chisinau MD-2012, Republic of Moldova, Europe
Printed at: see last page
ISBN: 978-620-3-84534-1

Jonathan Excellent MUETU

REDÉFINIR LA PRIERE

"EN REALITE DANS L'HOMME C'EST L'ESPRIT"

"il me dit : fils de l'homme, ces os pourront-ils revivre ? je répondis : Seigneur Eternel, tu le sais. Il me dit : prophétise sur ces os, et dis-leur : ossements desséchés, écoutez la parole de l'Éternel !"
(Ezéchiel 37 :3, 4)

REDÉFINIR LA PRIÈRE. "En réalité dans l'homme c'est l'esprit"

Les versets bibliques cités dans ce livre sont tirés de la version Louis segond 1910

Pour nous contacter : par Telegram et WhatsApp (+243)844-633-627

Gmail : jnthnmuetu@gmail.com
Facebook et Instagram : Ir Jonathan Excellent Muetu
Infographie et mise en page : Remy CISUKU BAMANAYI

Dédicaces

À mes très chers parents le Pasteur Israël bantumbimpe et Rachel ndaya, pour leur soutien indéfectible dans la réalisation de ce livre.

À tous les serviteurs de Dieu ; vous qui êtes le don de Dieu pour l'Église corps du Christ. Que ce livre soit pour vous une source d'inspiration.

À l'Église corps du Christ dans le monde entier, trouver ici l'expression de mon amour pour vous.

Remerciements

J'adresse ma gratitude à celui qui a gagné mon cœur, séduit ma vie par son amour. À celui qui m'a sauvé et investi dans cette mission, <<Le Seigneur Jésus-Christ>>.

Au Saint Esprit, source de toute inspiration Divine, réelle encre de ma plume et véritable consolateur de nos vies. Lui qui est l'auteur principal de ce livre et qui m'a permis de le partager.

À mon père spirituel, l'homme de Dieu auprès de qui va toute ma reconnaissance, Apôtre Paul Cibala, sous sa couverture, j'ai appris la fidélité et l'importance des choses spirituelles.

À mon pasteur Moïse Ngandu qui m'a baptisé et m'a enseigné les principes de la parole.

J'adresse mes déférences au Docteur Athoms Mbuma qui m'a servi de modèle en matière d'intégrité, d'amour, et de simplicité.

J'adresse mes déférences également au Pasteur Marcello tunasi qui m'a servi de modèle en matière de sanctification et de constance, cet homme a totalement changé ma vie et ma façon de voir les choses.

Je transmets l'expression de mon cœur à mes chers parents, le Pasteur Israël bantumbimpe et Rachel ndaya, eux qui m'ont élevé et éduqué de sorte qu'aujourd'hui, je suis devenu une bénédiction pour des multitudes. Je leur suis reconnaissant d'avoir investi de leur amour, temps et moyens pour produire l'homme que je suis aujourd'hui : Jonathan e. muetu ;

À mon précieux frère Alvine Johnson mulumba, je traduis ma déférence pour sa touche finale dans la concision de ce livre ;

À l'homme de Dieu Jacques papyn et à chekinah cibangu, veuillez trouver à travers ces lignes, l'expression de ma profonde gratitude pour votre apport lors de la correction de ce livre, pour votre amour, votre disponibilité et vos conseils sans oublier vos prières pour ma modeste personne.

À tous ceux qui me sont chers dont je n'ai pu citer les noms, veuillez trouver ici mes remerciements pour tout ce que vous valez pour moi. Je ne vous remercierais pas assez.

Avant-propos

La meilleure façon de redéfinir la prière selon la volonté de Dieu, c'est de le faire se basant sur le Saint Esprit, en le faisant avec lui, nous allons bien prier, en le faisant avec lui, nos erreurs sont corrigées. Quand la personne du Saint Esprit vient dans la vie de prière d'une personne, il s'oppose à sa vie, à sa volonté, à ses désirs, c'est pourquoi il nous arrive à maintes reprises, de prier pour quelque chose qui n'était pas dans notre programme de prière, même pas dans nos pensées, pendant que nous prenons la décision de prier pour une situation et d'un coup, nous avons une autre directive, Dieu nous demande de prier pour quelque chose qui doit arriver ou qui se déroule au même moment, encore moins pour une personne connue ou pas, soit pour nous-mêmes ou soit pour notre entourage, voir même pour une nation.

L'objectif poursuivi dans ce livre inspiré est d'amener chaque lecteur que vous êtes, à devenir plus grand et plus performant dans la prière avec l'aide du Saint Esprit. D'être affermi par rapport à la meilleure façon de redéfinir la prière selon le plan de Dieu, et de vivre en communion avec lui.

Introduction

Depuis la création, la prière est un outil indispensable à notre vie terrestre, elle est une arme qu'on doit utiliser pour arriver à notre destination glorieuse, et la meilleure façon de redéfinir la prière, est de prier selon l'Esprit, l'abandon total, la foi dans sa totalité, et l'obéissance à la parole de Dieu afin d'obtenir sa grâce.

Ces paroles se résument dans cette prière de Jérémie, une prière de foi et d'obéissance :

Jérémie 17 : 13 à 16. « *Toi qui es l'espérance d'Israël, ô Éternel ! Tous ceux qui t'abandonnent seront confondus. Ceux qui se détournent de moi seront inscrits sur la terre, car ils abandonnent la source d'eau vive, l'Éternel. Guéris-moi, Éternel, et je serais guéri, sauve-moi, et je serais sauvé ; car tu es ma gloire. Voici, ils me disent : où est la parole de l'Éternel ? Qu'elle s'accomplisse donc ! Et moi, pour t'obéir, je n'ai pas refusé d'être pasteur ; je n'ai pas non plus désiré le jour du malheur, tu le sais ; ce qui est sorti de mes lèvres a été découvert devant toi. Ne sois pas pour moi un sujet d'effroi, toi, mon refuge au jour du malheur ».*

Quelqu'un, a eu à expérimenter ça dans sa vie, il y'a plus de 5 ans maintenant, il était gravement malade et Dieu l'avait guéri par cette prière puissante, juste en la lisant avec foi. Il avait placé toute sa confiance en Dieu, en obéissant à sa parole et en le cherchant avec tout son cœur, et Dieu l'avait totalement guéri, mais aussi en ajoutant d'autres bénédictions.

Ainsi la prière redéfinie selon la volonté de Dieu, est d'une importance très capitale, car la meilleure solution à nos problèmes se trouve dans cette prière faite selon la volonté parfaite de Dieu.

Redéfinir la prière est l'un des défis majeurs des plusieurs d'entre nous. Alors si tel est le cas, pourquoi ne pas résoudre ce grand problème qui nous ronge ? Il y'a sûrement une solution.

La prière étant une activité spirituelle, qui nous rapproche de Dieu, collectivement ou individuellement, codifié ou non, elle est sans doute, un outil indispensable à notre vie terrestre comme nous l'avons évoqué précédemment, raison pour laquelle, nous avons eu ce grand souci d'écrire ce livre inspiré de Dieu, qui est d'abord une question de fardeau et de passion. C'est pourquoi, ce livre portera sur quelques principes salutaires : *« comment prier, la bonne manière de prier, les attitudes et les recommandations pour une bonne prière, comment prier et quitter la religiosité, comment s'exercer dans la prière, les ennemis et les obstacles d'une prière efficace, la prière qui change l'atmosphère, la prière par détermination* ».

Le choix portait sur ce thématique a été motivé par notre passion pour l'Église, en regardant certaines choses qui vont à l'encontre de la parole de Dieu par rapport à la meilleure façon de prier.

Un intérêt non négligeable pour l'accroissement de l'Église du temps de la fin.

1. Définition

La prière est une activé spirituelle qui demande une disponibilité totale de l'homme intérieur. « *Mais en réalité, dans l'homme, c'est l'esprit, le souffle du Tout Puissant, qui donne l'intelligence* » (Job 32 :8).

La prière est une demande faite à titre de grâce et avec humilité ou au moins une sorte de déférence ou des supplications pour obtenir la volonté du Seigneur, donc ici nous faisons allusion à notre Créateur le Dieu tout puissant, celui qui nous a envoyé son fils unique Jésus Christ nous sauver de la mort éternelle (Jean 3 :16).

La prière est une conversation ou une causerie entre la créature et son Créateur. Pour avoir des précisions et des principes de Dieu, nous devons nous approcher de lui par la prière.

La prière est un point de rencontre entre Dieu et l'homme, un point d'intimité avec Dieu, ici le Père devient notre intime et c'est par-là que nous l'appelons, Abba-Père.

La prière est une clé de puissance. Et quand vous y demeurez longtemps, vous débloquez beaucoup des choses, qui étaient bloquées dans votre vie.

La prière est un parfum qui monte au trône de grâce, par le biais du Saint Esprit en nous. Une inspiration de l'Esprit, la prière n'est pas le signe de la croix, ni une position.

La prière est une arme à feu donc, lorsque nous prions, nous dégageons une flamme de feu, plus nous montons dans la prière, plus notre arme est chargée pour tirer et finalement c'est du feu dévorant. C'est pourquoi nous devons beaucoup prier de sorte que nos prières deviennent du feu dévorant pour nos ennemis. La prière est une invocation d'Esprit, elle peut changer une vie, la construire ou la détruire, alors quelle sorte de prière faîtes vous ?

La prière est une grotte noire, où il y'a plusieurs mystères cachés à découvrir, la solution à tous les problèmes du monde se trouve dans cette grotte noire.

La prière est comme une flèche qui doit être tirer au cœur de notre cible, pour en résumer notre objectif, une lumière ascendante qui éclaire en direction du lieu secret, c'est par-là que nous l'appelons, le Dieu de nos secrets.

La prière est une respiration profonde de l'âme, un souffle de vie, de la même façon que nous ne pouvons pas vivre sans respirer, si nous retenons le souffle, il est impossible d'avoir la vie sauve, quel que soit les circonstances, nous sommes obligés de respirer avec, de la même façon pour la prière, nous ne pouvons pas vivre en dehors d'elle.

Jésus étant la clé de l'Église, nous avons besoin de lui pour déverrouiller les portes fermées, car l'ère des assoiffés des merveilles de Dieu arrive à grande vitesse, comme nous pouvons encore le redéfinir, la prière est une échelle sur laquelle l'homme doit monter pour atteindre la présence de Dieu, chaque jour nous plaçons un pas vers le haut.

2. Objectif de la prière

Faire connaître ses besoins, ses désirs à un être supérieur qui est en mesure de donner une solution favorable.

Même si le Père connaît nos besoins, nous devrions, nous rapprocher de lui par la prière, car le Père attend de nous, une demande, une supplication, un besoin ardent (Philippiens 4 :6).

3. Effet et importance de la prière

3.1. Effet de la prière

Pour produire les effets de la prière, nous devons savoir que nous avons aussi notre part de responsabilité.

Tout ce qui ne marche pas autour de nous, n'est pas forcément le problème de Dieu, nous avons aussi notre part de responsabilité, Dieu a déjà fait sa part, c'est à notre tour d'innover, de former, d'enfanter, quittons la basse-cour, et montons plus haut, pour créer à la dimension de Dieu. Il est là pour nous aider, Dieu affermit les genoux qui pliaient (Job 4 :4), le prix à payer c'est les genoux (Psaumes 109 :24), David avait payer ce prix, avons-nous aussi un temps pour Dieu ?

Parce que Daniel lui en avait, le Matin, à midi, le soir, il priait trois fois par jours, en direction du temple de Jérusalem, à genoux, il est compté parmi les grands prophètes, comme Jérémie et Esaïe, parce qu'il avait payé un prix, le plus grand prix, était de décrété des moments de prières fortes, choses qu'il avait totalement réussi à Babylone dans un pays étranger, ceci fut un grand succès pour lui, avons-nous aussi un temps pour parler à Dieu ? (Daniel 6 :10), montons dans notre chambre secrète et parlons à Dieu.

Ce monde a besoin des hommes et des femmes de prières, des personnes qui sont embrasées comme le feu dévorant, des porteurs de la soif, des héros dans la prière, des hommes et des femmes qui doivent prier pour les nations, pour des personnes fatiguées sans espoir, pour les foyers, pour les malades, et pour l'Église.

Le porteur de la croix, a toujours une marque sur lui, et cette marque fait de lui, un disciple de Jésus, cette marque, c'est aussi les fruits de la prière, les conséquences de la prière, les retombés ou les effets de sa vie de prière.

3.2. La prière le souffle de l'âme

L'Importance de la prière est dans ce qu'elle nous donne, le souffle pour notre homme intérieur, la meilleure protection pour notre âme.

L'âme respire grâce à la prière, une âme sans prières, est morte et sans vie, donc le souffle pour notre âme c'est la prière. (Psaumes 42 :2) « *comme une biche soupire après des courants d'eau, ainsi mon âme soupire après toi. Ô Dieu !* » Ici David nous fait voir de quelle manière notre vie spirituelle doit être attachée à la prière, une biche ne peut pas vivre sans les courants d'eau, chaque fois quand elle est blessée, elle court de partout cherchant de l'eau pour anéantir les effets de ses blessures, sa force c'est l'eau.

La même chose pour notre âme, elle ne peut pas vivre en dehors de Jésus Christ, et la seule chose qui nous rapproche de Jésus c'est la prière, quand nous soupirons dans sa présence, nous retrouvons notre force, et notre âme est affermie par le Saint Esprit.

Psaumes de David 143 :6 « *j'étends mes mains vers toi ; mon âme soupire après toi, comme une terre desséchée. Une terre desséchée a besoin de l'eau pour être humidifier* », ici nous trouvons, une expression d'humilité, les mains étendus vers le Père qui a la solution face à nos problèmes, dans la prière nous étendons nos mains pour demander la faveur de Dieu. Comme des âmes mortes nous demandons une nouvelle vie spirituelle et physique, mains levées signe d'abandon total.

3.3. L'état qu'apporte la prière

Dans cette dimension nous faisons un dialogue avec le Père des esprits, pour avoir une réponse ou une explication. La prière est d'une importance très capitale dans la vie de chrétiens que nous sommes, car elle constitue un atout majeur, pour vivre et expérimenter la gloire Dieu.

Grâce à la prière, Dieu nous communique des choses que le monde n'a jamais eues, des enseignements nouveaux, des explications sur des sujets qui nous préoccupent, le prophète ne peut pas prophétiser sans passer par la prière, de même pour un prédicateur, toute personne qui a une fonction à exercer pour le royaume de Dieu, doit passer par la prière.

4. Comment prier

La prière est spirituelle, sur ce, la Bible dit dans Job 32 :8 « *mais en réalité, dans l'homme, c'est l'esprit, le souffle du tout puissant qui donne l'intelligence* » ; tout doit commencer par le spirituelle, et la prière ne se voit pas elle est invisible, elle est purement un exercice spirituel, beaucoup d'entre nous, prient dans la chair. Sachons qu'il est impossible qu'une prière mal faite soit exaucée, le souffle du tout puissant nous donne l'intelligence et la connaissance pour une prière selon le principe de Dieu. La prière se dit, elle ne se pense pas, elle n'est pas une belle réflexion.

4.1. Priez sans cesse

Ici nous allons Comprendre le contexte sur la prière sans cesse dont Paul nous parle dans 1 Thessaloniciens 5 :17. Ce verset est souvent très mal interprété par plusieurs personnes. Éclairons un peu avant de continuer, la prière étant une communion entre Dieu et l'homme, celle-ci est définie par des valeurs et entre autres, la sainteté et la disponibilité en tout temps, vivre une vie de prières, Si non dans la prière il faut aussi prendre de pause pour écouter Dieu.

Sans cesse veut dire : faire quelque chose d'une façon continuelle.

Cesser veut dire : arrêter définitivement ce qu'on a commencé, comme dans la Bible, Anne a découvert la cause de son problème, elle a cessé de faire comme avant, ceci est une décision vis-à-vis de son problème, voyez-vous ? La prière sans cesse, n'est pas liée au contexte sans repos, quand nous prions, nous avons un temps de repos. Oui il y'a un temps pour chaque chose.

J'ai fini la prière : bientôt je continue

J'ai cessé d'être dans la vie de prières : plus de vie de prières

La première déclaration vient d'une personne qui mène une vie de prière, et la deuxième vient de celle qui ne mène pas une vie prière.

Paul voulait tout simplement nous dire de ne pas cesser la vie de prières, continuer à prier sans cesse, cesser de prier veut aussi dire éteindre l'esprit, tuer l'âme. Nous devons cesser avec la vie des péchés, et continuer avec la vie des prières en Jésus-Christ qui est notre priorité en toutes choses, dont nous lui faisons confiance. Même si vous faites la livraison de vos marchandises, ou si vous travaillez à un poste stratégique, cela ne vous empêchera pas de prier, même en route trouvez le moyen dès que possible, même dire seulement : Merci Seigneur Jésus-Christ, cela résume une prière.

4.2. Notre Père

Les disciples de notre Seigneur Jésus-Christ lui demandèrent : maître enseigne-nous comment prier. Jésus leur dit : Voici donc comment vous devez prier : « *Notre Père qui est aux cieux ! Que ton nom soit sanctifié ; que ton règne vienne ; que ta volonté soit faite sur la terre comme au Ciel... »* Matthieu 6 :9 à 34.

En lisant ce chapitre, vous comprendrez que Dieu n'est pas seulement, l'Éternel des armées, mais il est aussi notre Père. Cette prière exprime la confiance du fils envers le Père.

Cette prière exprime la gratitude, l'adoration, la soif de vivre dans sa présence et son règne, le désir de voir sa volonté parfaite dominée dans toute notre vie.

Dans ce chapitre, il parle aussi du pardon : avant de demander pardon au Père, avez-vous pardonner ceux qui vous ont offensés ? Chose importante à connaître, Dieu est compatissant, soyons aussi compatissants. La prière de notre Père n'est pas forcément une prière qu'il faut mémoriser, mais, elle est plutôt l'image que comporte la prière d'un enfant de Dieu, un symbole qui nous donne l'idée sur ce que nous devons prier, un code qu'il faut décoder pour dévoiler les détails.

4.3. Reconnaître l'amour du Père

Jésus condamne les inquiétudes et les doutes dans la prière, ce qui rendra cette Église du temps de la fin plus forte, c'est la dimension de la foi et de la confiance en Dieu.

Dans la prière, il y'a sûrement des gens qui se posent des questions, pour dire si Dieu les connaissait vraiment, et ma question est la suivante : est-ce que Dieu doit vraiment vous connaître ? Parce qu'il nous a connus et glorifiés avant la fondation du monde, Dieu connaît tout le monde sans exception, nous trouvons cette affirmation dans Romains 8 :30.

Le pire encore, en priant nous disons Seigneur, si tu m'aimes, est-ce que tu m'aimes ; nous oublions qu'il est amour et que son amour est plus fort que tout ? Dieu est amour raison pour laquelle il a envoyé son fils Jésus nous sauver par son sang, il nous aime sans rien attendre en retour, Sophonie 3 :17, « *l'Éternel, ton Dieu, est au milieu de toi, comme un héros qui sauve ; il fera de toi sa plus grande joie ; il gardera le silence dans son amour, il aura pour toi des transports d'allégresse* », il nous a déjà prouvé son amour avant que l'on puisse exister, pendant que nous étions des projets dans sa tête, pendant que nous étions dans son Esprit.

Avant de prier nous devons savoir que, Dieu nous a aimé le premier, Romains 5 :8 « *Mais Dieu prouve son amour, envers nous, en ce que, lorsque nous étions encore des pêcheurs, Christ est mort pour nous* ». Dans la même épître au 39ème verset du chapitre 8, Paul dit : « *ni les puissances, ni la hauteur, ni la profondeur, ni aucune autre créature ne pourra nous séparer de l'amour de Dieu manifesté en Jésus-Christ notre Seigneur* ». Comment Dieu ne pourra pas exaucer à notre prière, si nous croyons qu'il nous a aimés le premier ?

Comment prier ? Nous devons d'abord reconnaître, l'amour de Dieu manifesté par Jésus-Christ, notre Seigneur et Sauveur.

4.4. Comment prier et quitter la religiosité

La prière n'est pas une position ou encore une formule magique, la religiosité est un ennemi majeur de la prière, lorsque nous prions par religion, une forme ou une sorte, une façon propre à une communauté. La religiosité est une disposition religieuse ou sentiment religieux, qui n'implique aucune foi positive.

Beaucoup sont perdu à cause de la religion, beaucoup croient à la religion que de croire en Dieu, et ceci permet au diable de prendre possession de l'Église. Une Église rempli de la religion à la place du Saint Esprit. La religion nous fera croire qu'il y'a une position propice pour parler à Dieu, ce qui n'est pas vrai, la religion nous fera croire que pour être exaucé, on doit crier et prier à un ton plus élevé, elle nous fera croire qu'il faut grossir la voix quand nous chassons les démons. Arrière de moi la pensée de dire que prier à haute voix, c'est du fanatisme ou la religiosité. Par fois nous parvenons à prier à haute voix, pour exprimer le niveau de notre foi en Christ.

David dans Psaumes a dit : je crie à l'Éternel, ça exprime la douleur ou la supplication, parfois même l'expression de la foi, dans tout ça Dieu est dans sa parole. Alors dire qu'une prière à basse voix ne peut-être pas exaucer, c'est une grave erreur, nous savons tous que Dieu sonde même le cœur, rien n’échappe à son contrôle, même notre silence peut bouger son trône.

Qu'en est-il de Jésus-Christ ? Il est notre modèle, devant la tombe de Lazard, il a juste dit : Lazard sort, et Lazard est revenu à la vie, voyez-vous ? Pourquoi Jésus n'a pas crié ? Notre Dieu n'aime pas les spectacles, il agit dans la simplicité.

Mais pour arriver à cette dimension de Jésus, nous devons nous consacrer dans la prière.

La religion nous poussera à nous concentrer sur la chasse aux démons, et le temps pour affermir l'Église, nous serons là, à chasser les démons et les sorciers. Le feu du Saint Esprit que nous avons, nous servira à quoi, si ce n'est pas grandir spirituellement, et développer la maturité. Aujourd'hui nous utilisons ce feu pour seulement le combat spirituel, une grosse erreur qu'un lecteur de ce livre inspiré, ne pourra plus faire, beaucoup quand il s'agit des combats spirituels, ils sont prêts, mais quand il s'agit d'être affermi et de vivre la parole de Dieu, ils ne sont plus là.

La religiosité aime la prophétie, et néglige l'enseignement, elle nous poussera à aimer les prédications d'onction, et nous poussera à haïr les prédications de vérité et de sainteté.

Un religieux aime qu'on le flatte, il aime du sucre, succès et gloire, quand ses intérêts ne sont pas là, il partira demain dans une autre église et ainsi de suite. Un religieux prie, seulement parce que le pasteur est là, s'il n'est pas là, il abandonne.

« *Un religieux fait des choses par ignorance. Parce qu'il est perdu, imaginez quelqu'un qui place sa main sur la nourriture pour prier, la nourriture a une tête ? Non, même sa façon de prier est toujours nulle ; je détruis le plan du diable dans cette nourriture, le diable vient faire quoi dans la nourriture, que vous-mêmes, vous avez préparé* ». Dr athom's M.

Sans discerner notre vie, nous prions pour des choses que Dieu ne peut jamais faire. Comment est-ce possible de demander à Dieu l'argent, pendant que vous n'avez pas encore reçu le Saint Esprit ? C'est comme demander la barbe pour un bébé de 2 ans, chose impossible, Dieu aime de l'ordre. Comme demander à Dieu de précipiter les pas de ceux qui traînent encore dans leurs maisons, pour venir à l'église, comment va-t-il exaucer à une prière pareille ? Découvrons Dieu.

Pour quitter la religion, nous devons premièrement : (Selon le Dr Athom's Mbuma)

- ✓ *Tourner la page, est vivre selon la volonté de Dieu manifestée dans nos prières, et suivre les enseignements d'affermissements. Dieu dit à Abraham de quitter son pays, pour un pays étranger et il exécuta.*

- ✓ *Parler avec Dieu sincèrement (recommandez vos sorts à l'Éternel). Vivre la religion c'est dire qu'une position quelconque facilite la prière. Crier, faire du bruit. La puissance de la prière n'est pas dans le son de votre voix. Mais dans la sincérité de votre cœur.*

- ✓ *Saisir votre vision, l'Éternel parla à Abraham par une vision, (sors, regardes les étoiles, comptes...), Quelle est votre vision de la vie ? Arrêtons de condamner les autres, commençons à voir Dieu autrement, voir une vision claire de Dieu. Ne pensez pas que ces choses sont trop grandes pour vous. Nous devons aussi savoir que Dieu n'est pas dans la doctrine ou la religion, mais il est dans sa parole.*

4.5. Instance dans la prière

Tout intercesseur est appelé à avoir l'instance dans la prière, l'instance c'est l'action de demander avec insistance, avec pression. Le fait de demander puis redemander en mettant la pression sur la personne du Saint Esprit, faire une sollicitation pressante.

Prier avec instance ne veut pas dire que Dieu n'écoute pas, parfois ça peut être une expression de doute, faire un rappel pour que la personne n'oublie pas votre demande. Pourquoi si Dieu écoute des prières, parler une fois n'est pas suffisant ? Cette question n'aura pas la réponse, tant que vous ne maîtrisez pas le domaine spirituel de la prière, la doctrine de la spiritualité de la prière. Le cycle de la prière, quand la prière quitte votre langue, elle va où ?

« En matière d'attributs, Dieu est omniprésent, mais en matière de la prière, Dieu est au Ciel, la prière monte, elle prend la direction montante comme une flèche, la prière ne va pas en face de Dieu, elle quitte la terre, et monte vers le Ciel, le monde spirituel est le même, de l'ancien au

nouveau testament » Prophète Joël Francis Tatu.

La prière n'arrive pas directement à Dieu, mais elle est recueillie par les anges nous trouvons ceci dans le livre de l'Apocalypse, le Ciel ne donne à la terre que ce que la terre a fait monter. Apocalypse 8 :4, « *la fumée des parfums monta, avec les prières des saints, de la main de l'ange devant Dieu* ».

Alors nous devons prier avec instance jusqu'à ce que notre joie soit parfaite, l'objectif est de toucher le cœur de Dieu.

4.6. Combien de fois doit-on prier

Plusieurs personnes se posent sûrement cette question pertinente, jusqu'à quand, nos problèmes seront résolus ?

La réponse est si simple, tout dépend du décideur, celui qui est au contrôle de notre vie, l'Éternel. Alors dire qu'une fois suffira pour voir l'exaucement est une erreur, tout comme déterminer le nombre de fois, pour avoir une solution.

L'exaucement n'est pas lié au nombre de fois que vous deviez prier, mais à la volonté du Père, Eli le prophète pria jusqu'à sept fois, pour ramener la pluie, Jésus pria trois fois seulement, tout comme je peux prier une fois et Dieu m'écoutes favorablement.

Une prière peut être exaucer à la minute, après un jour, un mois, une année, cinq ans, parfois même après une décennie, d'autres sont morts et Dieu a exaucé à leurs descendances. Le mieux pour nous est de prier jusqu'à ce que notre prière soit exaucer, l'exaucement n'est pas notre problème.

4.7. Y-a-t-il une position propice ?

Vous vous posez peut-être la question, quelle est la bonne manière de prier ? Et oui selon les saintes écritures nous avons une solution à cette question.

Parfois vous dites. Est-il préférable de prier debout, assis, à genoux, incliné ? Nos mains devraient-elles être ouvertes, fermées, levées et tendues vers Dieu ? Nos yeux doivent-ils être fermés quand nous prions ? Est-ce mieux de prier dans une église ou dans la nature ? Devrions-nous prier le matin au lever du soleil ou le soir au moment de nous coucher ? Y-a-t-il certains mots que nous devons prononcer quand nous prions ? Toutes ces questions et bien d'autres, sont des questions fréquentes au sujet de la prière. Y-a-t-il donc une bonne manière de prier ? Une position favorable ? Et toutes ces choses que nous venons d'énumérer sont-elles vraiment importantes ?

Trop souvent, la prière est vue comme « *une formule magique* ». Certains croient que si nous ne disons pas exactement les bonnes choses, ou nous ne prions pas dans la bonne position, Dieu ne nous entendra pas et ne répondra pas à nos prières. Ceci est clairement anti biblique. Dieu ne répond pas à nos prières en fonction du moment où nous prions, du lieu où nous sommes, de la position de notre corps, ou dans quel ordre nous disons les paroles de prière, la prière est une activité spirituelle, amener la chair dedans c'est de la religiosité. La prière brise la science humaine, elle est liée à la conduite du Saint Esprit. Il nous est dit dans 1 jean 5 : 14,15 d'avoir confiance lorsque nous nous présentons devant Dieu dans la prière, sachant qu'il nous entend et qu'il nous accordera ce que nous lui demandons pour autant que cela soit dans sa volonté.

De même, jean 14 : 13,14 déclare : « *Et tout ce que vous demanderez en mon nom, je le ferai, afin que le Père soit glorifié dans le Fils. Si vous demandez quelque chose dans mon nom, je le ferai* ». Nous voyons donc ici et au travers de nombreux autres passages de l'Ecriture que Dieu répond à nos prières de requête lorsqu'elles sont redéfinies selon Sa volonté.

Philippiens 4 : 6-7 nous dit de prier sans être inquiets, à propos de toutes choses, et de prier avec des cœurs reconnaissants. Dieu répondra à toutes ces prières en déversant sur nos cœurs Sa paix. La bonne manière de prier, c'est tout simplement de le faire avec un cœur sincère, en Esprit et en vérité, selon la volonté du Père. Pas une position, la position c'est pour les religieux, ceux qui pensent que Dieu est dans la position, or Dieu est dans sa parole.

5. Conditions et stratégie pour une bonne prière

5.1. Prier dans le secret avec humilité

Matthieu 6 : 6, « *Mais lorsque tu pries, entre dans ta chambre, ferme ta porte, et prie ton Père qui est là dans le lieu secret ; et ton Père, qui te voit dans le secret, te le rendra* ». Matthieu 23 : 14, « *Malheur à vous scribes et pharisiens hypocrites ! Parce que vous dévorez les maisons des veuves, et que vous faites pour l'apparence de longues prières, vous serez jugés sévèrement* ». La volonté de Dieu n'est pas de vous voir apparaître meilleurs devant les autres, moins encore faire de longues prières juste pour impressionner, c'est pourquoi vous ne recevez pas, parce que vous priez mal, prier mal c'est quand il y'a l'absence totale du Saint Esprit et de sa conduite, prier avec sa propre connaissance approfondie dans la science ou dans les écritures, une bonne diction, une belle voix, n'est pas la bonne manière de faire nos prières.

Tout ceci n'est que l'œuvre de la chair, un enfant de Dieu doit être loin de cette volonté charnelle, le grand rôle du Saint Esprit dans nos prières et de les rendre agréables à Dieu. La meilleure façon de prier, c'est d'associer le Saint Esprit à notre prière, et quand il vient, nous sommes orientés par lui, il nous donne et nous dit quoi faire, ce que Dieu aime que tu lui dises, ce qu'il agrée et ce qu'il aime entendre de toi.

5.2. Être conduit par le Saint Esprit

Nous ferons une prière correcte, pas parce-que nous sommes intelligents ou intellectuels, mais parce qu'il est là dans notre prière (le Saint Esprit). Nous pouvons prier pendant des jours et des heures, mais si nous le faisons sans la personne idéale du Saint Esprit, si la volonté parfaite de Dieu n'est pas dans notre prière, nous dépensons notre énergie pour rien, notre prière est nulle, nous avons perdu notre temps inutilement.

La seule personne qui peut bien prier plus que nous, c'est le Saint Esprit, pas la personne qui a beaucoup d'expériences et des diplômes, l'Esprit Saint le fait à notre place, il nous apprend à bien prier, il demande et intercède en notre faveur auprès du Père par le canal de notre voix ou notre cœur.

Un athlète doit respecter les normes pour gagner le combat, mais pour la prière ce n'est pas en respectant les requêtes que l'on gagne, mais plutôt en étant conduit par le Saint Esprit de Dieu dans sa volonté parfaite, ceci étant une expression de notre âme.

Chaque nouveau jour quand nous voulons parler à Dieu, demandons l'aide du Saint Esprit par exemple : *« Seigneur Jésus-Christ, j'aime ta présence, en ce moment j'ai besoins de toi, viens auprès de moi par le biais de ton Esprit, oriente ma prière, occupe mon esprit et mon âme. Mon âme soupire après toi comme une biche soupire après un courant d'eau, contrôle ma prière, contrôle ma langue, amène-moi plus haut qu'avant. Remplis-moi de ton Esprit, sans toi je ne suis rien ».*

C'est une condition très importante, et très capitale pour que nous puissions vivre la présence de Dieu dans nos prières, car le Saint Esprit nous donne l'accès aux services Divin et à l'exercice des dons.

5.3. Prier en esprit et en vérité

La prière est spirituelle, et ceux qui prient doivent aussi être spirituels, Dieu est Esprit et il faut que ceux qui l'adorent, l'adorent en esprit et en vérité, une condition incontournable (Jean 4 :24), prenons les 3 mots retrouvés dans ce verset.

5.3.1. Adoration

Adorer c'est rendre à Dieu l'honneur et la gloire qui lui sont dus, tout ce que nous faisons, faisons-les pour la gloire de Dieu (1corinthiens 10 :31).

Tous ce que nous mangeons, tous ce que nous buvons, ce que nous faisons dans notre vie actuelle, ceci doit être pour la gloire de Dieu.

Tout en nous doit exprimer la gloire de Dieu, notre ministère, notre travail, nos moments, ce que nous vivons actuellement, nos business, nos projets, nos plans, nos nouvelles compagnies, toute notre vie doit exprimer la gloire de Dieu. Adorer veut aussi dire rendre hommage à Dieu (Matthieu 2 :2 et 11), Quand nous adorons, nous apportons à Dieu la gloire pour ce qu'il est lui-même, l'honneur et la reconnaissance pour ce qu'il ne cesse de faire pour nous.

N.B: l'adoration est individuelle, adorer ce n'est pas écouter une prédication, adorer ce n'est pas chanter, adorer ce n'est pas une prière, la prière est une demande une réclamation de quelque chose, gardons ceci dans nos cœurs « *adorer c'est faire la volonté du Seigneur Jésus-Christ* » la Bible résume l'histoire d'Abraham et Isaac son fils, au sujet de l'adoration, faire la volonté parfaite de Dieu (Genèse 22), dans le cœur d'un adorateur, c'est faire la volonté de Dieu qui est primordiale.

5.3.2. En esprit

En esprit on adore d'une façon spirituelle, avec l'aide du Saint Esprit de Dieu, on n'adore pas Dieu en lui présentant des choses matérielles ou des animaux (1corinthiens 6 :17). « *En réalité, dans l'homme, c'est l'esprit* » (job 32 :8), un homme esprit tout de lui exprime la gloire de Dieu, la prière en esprit consiste à s'abandonner totalement à Dieu, en laissant le Saint Esprit soupirer à notre place. Lorsqu'un homme prie en langues, il prie en esprit, son âme est connectée et son esprit également, il opère dans le monde spirituel.

5.3.3. En vérité

Dieu lit dans nos cœurs, nous pouvons chanter des cantiques et faire de prières, mais si le cœur n'y croit pas, ce ne sont que des mensonges, Esaïe 29 :13, le Seigneur dit : « *ce peuple ne s'approche de moi qu'en paroles, ses lèvres seules mes rendent gloire, mais son cœur est loin de moi. La crainte qu'il me témoigne n'est que précepte humain* ». Notre façon de faire la prière doit être irréprochable et sincère. En faisant une prière en esprit et en vérité, nous respectons toutes les conditions que la parole de Dieu nous recommande.

5.4. Savoir que ta solution est cachée dans la prière, stratégie à adopter

Nous comprenons donc, que la prière est une grotte noire où il y'a plusieurs mystères cachés à découvrir, la solution à tous les problèmes du monde se trouve dans la prière, croyez-le avec assurance, sans la prière le monde actuel ne serait pas ce qu'il est aujourd'hui, nos pères ont prié à leurs époques et ils ont fait beaucoup des sacrifices, nous aussi pour être agréables à Dieu nous sommes dans l'obligation de faire la même chose maintenant, pas demain, ne laissons pas une occasion au Diable.

Pour trouver une solution cachée dans la grotte noire, nous devons multiplier nos stratégies, nous devons aller à la recherche de la soif de la prière et trouver des moyens, des stratégies pour toucher à la solution, les stratégies se trouvent dans la parole de Dieu, ouvrons nos Bibles et tirons des meilleures stratégies pour avancer dans ce domaine des esprits supérieurs. S'il faut mourir à genoux mourront à genoux, la prière d'un enfant de Dieu ébranle le monde spirituel, quand nous sommes à genoux dans la prière nous secouons l'enfer, nos ennemis tremblent de partout, grâce à ce feu dévorant que nous dégageons.

Notre vie est fondée sur la prière sans elle, nous ne sommes rien. Nous devenons une menace dans le monde spirituel lorsque nous sommes en prière, pas n'importe quelle prière, mais une prière qui devient un feu dévorant, une prière en esprit et en vérité.

Quand une personne découvre que la solution à son problème est cachée dans la prière, vous savez ce qu'elle est capable de faire ? Imaginez-vous le niveau de la soif de Anne à Silo. Si vous savez que la solution à votre problème est cachée dans la prière alors priez comme si demain vous ne serez plus là, à prier pour la même chose, le niveau de la foi de Anne à fait d'elle une référence dans la prière. Parfois ça prend du temps, mais par la foi nous croyons que c'est la seule solution possible que nous avons. Sachons que sans la prière, il n'y a rien de possible, avec la prière, nous avons la victoire dans le monde spirituel et physique, prions encore et encore, n'arrêtons pas de prier. « *Ne vous inquiétez de rien ; mais en toute chose faites connaître vos besoins à Dieu par des prières et des supplications, avec des actions de grâces* ». (Philippiens 4 :6).

5.5. Attention soutenue

La volonté de Dieu est toujours contraire à nos désirs, c'est pourquoi, il nous arrive de fois, de prier avec un but de nous arrêter à un moment quelconque, puis l'Esprit nous amène loin, parfois très fatigué, nous nous sentons très fort dans la prière, pas de lourdeur ni de sommeil, parfois de nous réveiller au milieu de la nuit alors qu'on n'avait pas le programme de prier cette nuit-là, d'un coup la soif de prier devient tellement forte que notre volonté.

Autres choses à savoir bien aimés, si en pleine nuit l'insomnie survient et que vous n'arrivez pas à dormir, soit Dieu veut vous parlez, ou encore, il veut que vous lui parliez, il n'y a que ces deux possibilités, goûter à la prière nocturne nourrira votre âme et vous aurez un esprit éveiller et trop sensible à l'appel de Dieu. Soyons juste disponible, quand Dieu vient vers nous, par la prière, malgré nos erreurs et défauts, soyons juste disponible pour faire l'essentiel.

6. Attitude à adopter avant pendant et après la prière, l'expectative

6.1. Croire que tout est possible

Nous devons croire que tout est possible avec la prière, elle doit être au-delà de nos problèmes, Nous devons toujours percer dans la prière, pas de fatigue maintenant, la solution est à notre porte, ainsi ne disons pas ce que nous vivons, mais proclamons ce que nous croyons, même devant la maladie, sans argent proclamons ce que nous croyons, il suffit de croire, si nous croyons, nous aurons la solution, « *tout est possible à celui qui croit* ». Marc 9 :23. Une prière sans la foi est nulle, nous devons mettre les deux ensembles pour vivre le changement et la transformation de nos vies. Dieu dit dans sa parole : « *cherchez-moi et vous vivrez* ». Le problème est que vous ne le cherchez pas, vous avez tellement une vie centrée sur votre propre personne, vos plus grands défis sont liés aux choses du monde, pourquoi la prière ne vous intéresse pas ? Demain peut-être trop tard, il est temps.

6.2. Savoir que Dieu n'est pas limité

Dieu n'est pas limité, il suffit d'avoir la soif de le rencontrer dans nos moments de prières, il est le pourvoyeur à nos besoins, regardez même l'histoire de Pierre qui marcha sur les eaux, en ayant le doute, en limitant Dieu, il s'enfonçait déjà, peu de foi ; jette le filet dans l'eau, oh Seigneur nous avons pêché toute la nuit sans rien trouvé, ignorant que c'était le Créateur qui parlait et que par lui tout a été créé, est-ce que Jésus avait besoin de leurs explications ? Beaucoup échouent en voulant corriger Dieu, en donnant trop d'explications, faisons ce que Dieu nous demande de faire, l'obéissance est très importante lorsque nous prions. Les créatures sont limitées, mais leur Créateur ne l'est pas, ce n'est pas parce que vous avez échoué hier qu'aujourd'hui vous échouerez encore, prenez Dieu aux mots (Luc 5 :5).

Jésus ne supporte pas les incrédules, Luc 9 :41, « *Race incrédule et perverse, répondit Jésus, jusqu'à quand serai-je avec vous et vous supporterai-je ? Amène ici ton fils...* ». Un homme qui cherche une solution en plaçant des doutes ne peut pas plaire à Dieu, lorsqu'il y'a la foi en action Dieu agit, beaucoup prient pour avoir une réponse positive, mais peu croient à l'exaucement. Nous nous posons des questions sur ce qui doit réellement arriver, par rapport à notre prière, sachez donc que ce n'est pas autre chose que le Diable. Il viendra vous parlez pour vous déstabilisez et vous conduire à une conclusion basée sur votre propre raisonnement, avant même l'exaucement de votre prière.

Il faut croire que tout est possible, où que vous soyez, quel que soit le temps ou les circonstances de la vie, croire à la possibilité vous donne une motivation par rapport à votre situation, une bonne attitude. Notre vie dépend de la prière et celle-ci accompagnait par la foi en Dieu, et des fortes déclarations. « *Je crois au succès, je crois à un réveil puissant, je crois à une vie glorieuse, je crois que demain sera meilleur, je crois à la gloire de Dieu, je crois à la prospérité financière, je crois à la positivité* », déclarez ce que vous croyez.

Parfois nos prières sont exaucées pas parce-que nous prions beaucoup, mais parce-que nous croyons à sa présence, il suffit de croire, un romain a demandé à Jésus de dire seulement un mot et son enfant sera guérit, car il a cru que c'était possible que Jésus soit partout au même moment, Jésus dira « *même en Israël je n'ai pas vu une foi pareille* », croire c'est tout ce qu'il nous faut.

7. Comment S'exercer dans la prière

De l'émission EMCI TV du Prophète Jérémy Sourdril, intervention du Docteur Athom's Mbuma.

Comment s'exercer dans la prière ? comment faire pour grandir dans la prière ? quelle sont les disciplines de la prière ?

Dr. Athoms : de la même manière que nous le faisons pour nos muscles c'est de la même manière que l'on doit le faire pour notre vie de prière, la façon d'exercer notre homme intérieur. Bâtir son corps c'est bien mais à très peu de choses, mais pour l'exercice de notre homme intérieur c'est très important.

7.1. Le sacrifice

Matthieu 26 :36-41 « *Jésus alla avec eux dans un lieu appelé Gethsémané..., viellez et priez enfin que vous ne tombiez pas dans la tentation ; l'esprit est bien disposé, mais la chair est faible* ».

S'exercer dans la prière c'est l'ensemble des disciplines spirituelles qui favorisent notre croissance dans la prière, ça veut aussi dire l'inconfort dont nous avons besoin pour que nous puissions devenir matures dans notre façon de prier. Vous vous mettez dans une position inconfortable pour mûrir dans la prière, il y'a des jours où notre âme est vraiment très épuisée notre corps vraiment très fatigué, nous sommes dans l'obligation de faire le contraire, l'inconfort.

L'homme est fait d'âme de l'esprit et du corps, est la pure difficulté qui existe dans la prière, est que, Dieu est invisible, quand on parle avec quelqu'un qu'on peut voir, qu'on connait bien on lui parle, parfois on est attiré par sa beauté, la couleur de sa chemise ou de son pantalon. Quand on parle avec quelqu'un on va un peu rester des heures et des heures, mais dans la prière on ne le verra pas physiquement, c'est par la foi qu'on croit à sa présence, alors quand on cause longtemps avec l'invisible, ça demande de la concentration, ça demande un peu d'être vraiment là, ça demande la disponibilité de l'adorateur.

Et dans cette affaire de prière Jésus est clair, l'esprit est disposé, c'est une activité spirituelle, mais le corps lui n'est pas vraiment là, le corps n'aime pas cette activité spirituelle, ça le débranche, parfois on doit débrancher l'intelligence quand on parle en langues et le corps déteste cela, et l'exercice spirituel consiste justement d'aligner tout notre être à obéir, aux aspirations de l'esprit, de notre esprit vers l'Esprit de Dieu. Que tout notre être soit soumis à cette soif qui est dans notre homme intérieur de pouvoir passer du temps dans la présence de Dieu.

Alors s'exercer dans la prière veut dire l'inconfort nécessaire à la maturité dans la prière, bien aimés, vous voulez prier, j'aimerais vous dire que ça ne sera pas toujours facile, ça ne signifie pas que si vous voulez prier, ça vous viendra comme ça directement, de fois ça vous demandera de vous sentir inconfortable, d'avoir encore sommeil, mais d'être obligé de prier, de ne pas en avoir envie, c'est juste se dire oh, J'aimes regarder mon programme préféré, mais il faut prier.

De vous sentir complètement épuisé, mais il faut prier, d'être dans des moments d'angoisses émotionnelles, mais il faut prier, il est possible que notre corps ou notre âme, n'ait vraiment pas l'envie de s'engager à une activité spirituelle comme la prière, mais la nécessité de la prière est pourtant là.

Alors, les exercices dont je vous parle, consistent tout simplement à aligner notre âme et notre corps à pouvoir faire cette activité spirituelle, pour laquelle notre esprit est bien disposé, il s'agit donc de la prière. Qu'est-ce-que je veux dire par s'exercer dans la prière, enfin je veux aussi dire, se poser la question que dois subir le corps, que demande l'âme et l'esprit, pour que la prière devienne intense, or une vie de prière intense est ce que chaque chrétien doit avoir.

Mais qu'est-ce-que ça demande à notre corps, qu'est-ce-que ça demande à notre âme, qu'est-ce-que ça demande à notre esprit, pour que nous puissions monter dans cette vie des prières intenses ? Ça demande de s'exercer, de faire le sacrifice.

Quel sont ces exercices ? que devons-nous faire réellement ? Pasteur êtes-vous en train de nous enseigner que nous nous mettrons à faire ça, et tout va aller pour le mieux ? Oui se baser sur la vie de Jésus Christ et la vie des apôtres, certaines activités étaient devenues obligatoires, ils aimaient faire ça, ils se disciplinaient à le faire, ils se mettaient de côté pour la prière.

Quand vous voulez, vous mettre à une série de prières, à des moments particuliers de prières, quelque fois il faut arrêter quelque chose qui peut parfois être trop épuisante, parce que vous devriez être conscient au moment où vous priez, ça ce n'est qu'un exemple parmi tant d'autres, mais nous allons passer d'exemple en exemples en partant de Jésus jusqu'aux disciples, à tous ce que la Bible enseigne. Les exercices que nous devons faire pour nous maintenir dans la prière.

Ma prière avec vous, est de dire à Dieu qu'il y'a des exercices propres à moi, le problème est de savoir quelle est le mieux pour moi.

Les genres de choses que vous devez abandonner, les genres de choses que vous deviez commencer à faire, ce qui fera de vous un homme ou une femme de prière, ce qui va vous rendre plus mature dans votre façon de prier, demandez à Dieu de vous dire les choses ou les exercices propres à vous. Parce que ça dépend de votre mission et de la façon que Dieu veut utiliser votre personnalité, qu'est-ce qu'il faut pour que nous puissions monter dans notre façon de prier ? ce qu'il faut pour que nous soyons sur la voie du Père.

Cache-toi, il me dit cache toi, de fois l'exercice c'est partir se cacher, parfois c'est juste quitter les gens et aller se prosterner seul, de fois l'exercice c'est juste que, je veux appeler deux frères ou deux sœurs et on va juste prier ensemble, ce qui est sur mes yeux, ce qui marche qu'avec moi, Dieu dit : mets de côté ton repas et vas-y cache toi.

Parfois quitter votre lit et commencer à dormir au sol, il y'a un exercice pour vous. Jusqu'ici on n'avait pas encore entendu Jésus faire de prières de 40 jours, mais là, il le fait, pourquoi en ce moment-là, il se préparait à donner naissance à quelque chose de glorieuse (exercice de la saison), parfois vous devez passer au désert ou à la montagne, Dieu prépare toujours les gens qu'il veut exposer.

Pour Jésus c'était les jeûnes ;

Pour Pierre il priait jusqu'à tomber dans l'extase ;

Et pour nous c'est quoi ?

L'obéissance à la directive de Dieu amène les résultats qui changent nos prières, la discipline appropriée parfois ça va vous mettre dans l'inconfort, mais c'est la discipline du moment, engagez-vous dans la présence de Dieu, peut-être qu'il est en train de dire à quelqu'un, va et supprime tous tes comptes sur les réseaux sociaux et cache toi, arrête de te montrer à tout le monde, arrête de faire ta publicité, une si grande promotion de toi même, va et cache toi. Écoutons ce que l'Esprit va dire à notre cœur.

7.2. Comment reprendre sa vie de prières perdue

Je peux vous assurez que ce n'est pas aussi facile que vous le souhaitez, mais c'est possible. Vous avez perdu la soif de la prière, vous avez le dégoût de la prière, que faire ? Certainement le dégoût et le relâchement ou encore la perte de la soif, sont tous liés au brisement de notre relation avec Dieu à cause de nos péchés.

Car tous ont péchés et sont privés de la gloire de Dieu, effectivement vous n'avez plus la gloire de Dieu à cause du péché.

Vous vous posez effectivement des questions sur comment revenir à votre relation avec le Seigneur, voici quelques solutions pour vous :

- ✓ Prendre conscience de vos péchés et revenir au Père pour la repentance ;

- ✓ Accepter votre état imparfait et abandonner votre vie à Dieu ;
- ✓ Déchirer votre cœur devant Dieu ;
- ✓ Repentez-vous sincèrement en lui rappelant que la croix seule vous suffit et que vous méritez une condamnation, regrettez vos transgressions.
- ✓ Prendre la décision d'abandonner et de reprendre le chemin de la prière ;
- ✓ Accepter ce que vous êtes, ne forcez pas les choses et laissez Dieu seul vous orientez.

N'oublions pas que la prière est la colonne vertébrale de la vie chrétienne, de que vous vous rendez compte d'un relâchement, ne perdez pas le temps revenez à Dieu, sachant que cela arrive à toute personne normale, alors le mieux à savoir est que, personne n'est parfaite, seul Dieu est parfait.

7.3. Le prix à payer

La grandeur est un fruit des sacrifices consentis pour devenir grand, parfois il faut sacrifier son repos pour seulement entendre Dieu parler, Quand il nous parle c'est bien dans notre esprit, et notre âme est rempli de la soif d'apprendre de choses nouvelles. Il me dit : monte ici je te montrerais les choses cachées. Si tu veux vivre heureux prie chaque nuit. Devenir héros demande beaucoup des sacrifices, il faut un prix à payer.

Le prix à payer c'est faire souffrir le corps, être disponible dans la prière redéfinit selon sa volonté. Montons dans la prière et ne limitons pas Dieu, découvrons nos moments forts avec lui, ça fait du bien quand Dieu parle surtout en bien de nous.

Comme notre Seigneur Jésus-Christ, on l'amena pour la crucifixion, semblable à un agneau, il n'a pas dit un seul mot, tous l'ont abandonné, les siens l'ont vendu, les autres l'ont renié, les rois de ce monde l'ont maltraité. Mais son objectif était de mourir à la croix, pour nous racheter, malgré les obstacles Dieu a fait tomber sur lui l'iniquité de nous tous.

Le prix à payer c'est l'exercice que Dieu nous impose, si c'est quitter tous les groupes Facebook et WhatsApp faites-les, que Dieu parle à votre cœur, ceci va vous rendre libre de vos limites, une nouvelle dimension, une vie très souple et aisée pour la prière.

8. Les sortes de prières

Quelques sortes de prières :

- ✓ La prière de la foi : la prière de pétition, la prière pour changer les choses (Matthieu 21 :22 ; Marc 11 :24). Cette prière est basée sur la volonté révélée de Dieu, dans sa parole, elle ne contient jamais des suppositions ;
- ✓ La prière de consécration : la prière de consécration et de dévouement de nos vies

ou de nos activités à l'usage de Dieu et sa conduite. Pour aller n'importe où et faire n'importe quoi, dans cette prière, nous demandons sa volonté (Luc 22 :42) ;

- ✓ La prière d'engagement : porter votre attention sur le Seigneur Jésus-Christ dans la prière (1pierre 5 :7) ;
- ✓ La prière d'adoration : (Luc 24 :52,53 ; Actes 13 :1-4) ;
- ✓ La prière d'accord « *je vous le dis en vérité, tout ce que vous lierez sur la terre sera lié dans le ciel, et tout ce que vous délierez sur la terre sera délié dans le ciel. Ici Dieu signe un accord avec l'homme, comme demander et il vous sera accordé* » (Matthieu 18 :18-20) ;

- ✓ La prière en esprit : Prier en langues (1 corinthiens 14 :14,15), dans cette prière l'esprit est connecté et le corps est en repos, comme on doit le savoir l'homme est composé de deux dimensions spirituelles, et une dimension physique donc l'homme a 75 % du spirituels et 25 % du physiques. Nous sommes en réalité des esprits qui résident des corps terrestres. Quand nous prions en langues nous nous édifions nous-mêmes, cette dimension de prière transforme même notre vie, elle nous donne le dégoût de péché, elle augmente la soif et le niveau de la foi, le parler en langues dégages une flamme de grandeur, cette dimension est une des dimensions les plus mystérieuse de la vie chrétienne, l'âme est connectée à Dieu, elle parle avec lui en esprit des mystères, que le diable et ceux du monde ne peuvent discerner.

- ✓ La prière unie : (Actes 4 :23-31) ;

- ✓ La prière de supplications : (1 Roi 8 :38-45 ; 1 Timothée 2 :1). Nous supplions Dieu d'exaucer à nos supplications ;
- ✓ La prière d'intercession : (Hébreux 7 :25 ; Esaïe 53 :12) ;
- ✓ La prière d'action de grâce : (Colossiens 3 :17 ; 4 :2).

Dans 1 Timothée 2 :1 il est écrit : « *j'exhorte donc, avant toutes choses, à faire des prières, des supplications, des requêtes et des actions de grâces, pour tous les hommes* ».

Exemple :

« *Jésus je désire ta gloire dans ma vie* » ça c'est une demande en prière ou une requête ;

« *Jésus je t'en supplie, fais-moi voir ta gloire, si tu ne le fais pas, qui d'autre le fera mon Seigneur ?* » ça c'est une prière de supplications ;

« *Je sais que tu m'as toujours exaucé, tu m'as fait du bien hier et j'en suis reconnaissant pour ça Seigneur* » une prière d'action de grâce.

9. La position et les effets des genoux

Les genoux qui ébranlent l'enfer (1Rois 18 :42), Élie mit son visage entre ses genoux, une position inconfortable qui change presque tous dans la présence de Dieu, les genoux expriment un signe d'humilité, d'abandon total, de faiblesse. En effet, nous devons rester au pied du Père, c'est là que toute chose devient possible, c'est là que nous trouvons la solution à tous nos problèmes.

Ébranler veut dire secouer, faire trembler. Une prière à genoux peut faire naître une force qui secoue le monde spirituel et naturel.

La position à genoux a plusieurs expressions :

- ✓ L'adoration : qui est l'expression d'amour, action d'adorer ;
- ✓ L'humilité : abaissement, être humble, avoir du respect et de la crainte envers Dieu ;
- ✓ La pénitence : il s'agit de la repentance, la réparation, le regret du péché.

Un enfant de Dieu à genoux ébranle l'enfer, il n'y a pas de triomphe en dehors de nos genoux, une prière à genoux, c'est le corps qui se prosterne et le cœur qui s'abandonne à Dieu, une prière à genoux est une position d'enfantement de nouvelles choses, une création, une innovation, un développement, une croissance, une genèse, un homme à genoux est un créateur du destin.

Si vous croyez que, c'est à genoux que vous deviendrez grand, mourrez à genoux, la solution que vous cherchez, se trouve entre vos genoux, courir à genoux est mieux pour moi, parce-que je crois toujours, aux résultats qui sont nés dans la prière, comme le prophète de Dieu savait, qu'il pouvait créer la pluie par ses genoux, alors il mit son visage entre ses genoux, enfantement par la prière.

Nous sommes des dieux, des créateurs de destinés, pourquoi voulez-vous que Dieu, fasse autrement ? Vous avez tous en vous, la capacité de créer, de reproduire une vie, le problème est de reconnaître qui nous sommes, notre identité. La vraie conquête, Dieu dit dans sa parole : *« j'avais dit : vous êtes des dieux, vous êtes tous des fils du très haut, mais cependant vous mourrez comme des hommes... »,* (Psaumes 82 :6,7). Dieu décrit ce que l'homme est censé être, donc un créateur.

10. L'impact de la prière

10.1. Une protection idéale

La prière constitue les bagages de notre protection, un refuge idéal, nous trouvons refuge dans la prière, par elle nous découvrons la vérité en Jésus-Christ et nous sommes affermi, face aux problèmes notre protection idéale nous rassure, Élie au mont Carmel devant les prophètes de Baal, il pria Dieu pour que le feu descende 2rois 1 :10 ceci décrit l'impact de la prière, les effets que produit une prière de la foi.

Les trois jeunes hommes juifs qui travaillaient à Babylone furent jeté dans le feu, mais comme ils comptaient sur Dieu, leurs exploits étaient très grands, aujourd'hui nous aussi nous pouvons passer par des moments très difficiles, ne lâchons pas mais comptons sur Dieu, il ne déçoit jamais. Même dans le feu il a répondu et il était venu fortifier ces trois jeunes hommes.

Ici le niveau de la foi compte beaucoup, quelle est notre position par rapport à notre situation actuelle ? Si en nous n'y a plus l'espérance, Dieu ne quittera pas son trône pour venir nous sauver, nous devons d'abord croire à l'impossible, nous devons avoir la folie vis-à-vis de la situation actuelle, plaçons notre confiance en Dieu, il est notre protection idéale.

10.2. La vie palpitante d'un héros de la prière

Pour devenir héros dans la prière, nous devons être spirituellement transformer. Ne permettons pas à la fatigue de prendre le dessus sur nous, ne soyons pas distrait face aux choses spirituelles.

Un héros est toujours joyeux ;

Un héros a une certitude ;

Un héros est toujours prêt à combattre ;

Un héros a un mental d'acier, une réflexion développée ;

Un héros est toujours disposé à affronter l'ennemi en tout temps ;

Un héros vit pour les autres, il est une solution pour les autres ;

Un héros dans la prière ne perd pas la bataille, il ne pleure jamais, il ne plaisante pas, il avance toujours, il ne voit pas les obstacles, mais sa destination.

Les coups, les blessures, les cris, les insultes, les moqueries des gens, leurs humiliations, tout ceci ne peut rien causer dans sa vie. Lui c'est l'objectif qui compte, il a toujours un but, un héros est un motivateur, un créateur de la soif de la prière, il court et ne s'arrête pas, il prie et ne s'arrête pas, il tombe et se relève, son but c'est la destination glorieuse, étant humain, il peut se fatiguer, comme tout autre homme ou femme, mais il n'abandonne jamais.

En regardant bien tous les hommes qui ont impactés le monde, c'était toujours par la prière, un héros on parle de lui dans des générations, il a un style, une vie, un témoignage, une certitude, une supériorité, un modèle, ça façon de prier impact son entourage. Il est toujours au service des autres, il intercède pour eux, il est une sentinelle pour son pays, il met de côté sa propre vie, il sacrifie ses jours pour les autres, il jeûne pour les autres, par sa prière des vies humaines sont sauvées et transformées, l'évêque Benson Idahosa a ressuscité sa mère morte après dix jours pas parce qu'il était serviteur de Dieu puissant, mais parce qu'il avait un objectif, "ressuscité sa mère" parfois nous échouons parce que nous perdons l'objectif qui nous amène dans la prière.

Le serviteur d'Elisée en voulant faire du spectacle et ayant perdu l'objectif qui était « *la résurrection de l'enfant* » il a échoué sa mission et quand Elisée est venu il a ressuscité l'enfant. En voulant prouver aux autres, de quoi nous sommes capables, nous devenons comme ces pharisiens qui font des choses pour être vu, et pourtant notre Dieu ne se montre jamais en spectacle.

10.3. Ouverture des dons spirituels

Lorsque vous restez longtemps dans la prière, Dieu vous donne les bénéfices ou les résultats de la prière entre autres, les dons spirituels, les dons sont très importants pour chaque chrétien, les uns prophétisent, les autres parlent en langues, certains le discernement, et bien d'autres. Les dons spirituels nous permettent aussi d'avancer dans la prière selon Dieu, d'être dans une position que Dieu nous demande, grâce aux dons spirituels, nous pouvons nous arrêter ou continuer notre prière, selon l'ordre de l'Esprit (1 corinthiens 14 :12), « *de même vous, puisque vous aspirez aux dons spirituels, que ce soit pour l'édification de l'Église, que vous cherchiez à en posséder abondamment* ».

11. Quelques formes de prières puissantes

11.1. La prière qui change l'atmosphère

Il est présent dans nos vies de prières, il nous touche et sature nos lieux de sa gloire, il nous invite à un niveau plus élevé d'intimité, il désire l'amour de son épouse que nous sommes. (1Samuel 1 :9 à 13 et 19,20), « *Anne se leva après que l'on eut mangé et bu à Silo, le sacrificateur Eli était assis sur un siège, près de l'un des poteaux du temple de l'Éternel. Et l'amertume dans l'âme, elle pria l'éternel, et versa des pleurs, elle fut un vœu, en disant : l'Éternel des armées, si tu daignes, regarde l'affliction de ta servante, si tu te souviens de moi, et n'oublie point ta servante, et si tu donnes à ta servante un enfant mal, je le consacrerais à l'Éternel, pour tous les jours de sa vie. Et le rasoir ne passera point sur sa tête, comme elle restait longtemps en prière, devant l'Éternel, Eli observa sa bouche, Anne parlait dans son cœur et ne faisait que remuée les lèvres, mais on n'attendait point sa voix, Eli pensa qu'elle était ivre..., Au dix-neuvième verset, ils se levèrent d'un bon matin, et après s'être prosterné devant l'Éternel, ils s'en retournèrent et revinrent dans leur maison. El kana connus sa femme Anne, et l'Éternel se souvient d'elle, dans le cour de l'année, Anne devient enceinte et elle enfanta un fils, qu'elle nomma Samuel »*.

Elle disait que : je l'ai demandé à l'Éternel. Alors une prière qui change l'atmosphère, est une flèche qui perce le mur en pierres. Anne avait l'amertume dans son cœur, c'est pourquoi elle est pour nous un modèle pour changer l'atmosphère en prière.

11.1.1. Les Neuf secret pour changer l'atmosphère

➞ **Dégager l'amertume dans votre prière** : cela change l'atmosphère, ça chasse le doute, et l'incertitude concernant votre demande, vous devenez très déterminé, face à votre problème et votre Dieu, l'amertume fait souvent mention de désespoir, vous n'avez personne vers qui vous tournez, ni où aller et forcément, vous revenez à celui qui donne.

➞ **Avoir la colère spirituelle** : elle chasse la peur, et la foi devient chose réelle, la foi de voir un changement est produite sur place, parfois la voix augmente et les mots deviennent intolérables, quand on prie avec une détermination, sans rien lâcher, si la solution n'arrive pas, on' n'abandonne pas.

→ **Faire un vœu à Dieu** : la prière avec un vœu approche l'exaucement, car Dieu trouve son intérêt dans cette prière, il retrouve sa place, une promesse faite à Dieu, par laquelle on s'engage sincèrement. Votre prière n'est pas exaucée, parce que vous n'avez pas mis l'intérêt de Dieu dedans, votre problème ne sera résolu que lorsqu'en demandant l'assistance de Dieu, vous mettez aussi son intérêt.

Tout le temps vous demandez, mais vous avez quel vœu avec celui qui donne ? Dans mon pays, il y'a eu un slogan de l'un des présidents de la république qui disait : « *gagnant, gagnant, ce qui veut dire, que si, vous souhaitez avoir quelque chose, vous donnez d'abord ce que vous avez, à notre tour nous vous donnerons ce que vous souhaitez avoir, pour l'intérêt de tous* », le problème c'est le vœu, vous promettez quoi en retour ? si Dieu vous donne selon votre prière ?

→ **Rester longtemps dans la prière** : sacrifiez-vous, faites du mal à votre corps, car un héros sans histoire, n'existe pas dans ce monde, la prière est une clé de puissance. Et quand vous demeurez longtemps dans la prière, vous débloquez beaucoup des choses, qui étaient bloquées.

→ **Prier avec le cœur :** la prière qui vient du cœur, touche le trône de Dieu (Jérémie 29 :13), beaucoup prient qu'avec les lèvres, et leurs cœurs sont ailleurs. La disponibilité de votre cœur compte beaucoup dans la présence de Dieu.

→ **Répandre l'âme** : répandez votre âme, abandonnez-vous totalement, soupirez avec passion auprès de Dieu, un homme qui s'abandonne totalement à Dieu, sa vie est toujours merveilleuse, et différente des autres.

→ **Changer l'attitude :** croyez-moi l'attitude compte beaucoup, lorsque vous finissez votre prière, changez l'allure de votre visage, même si, vous devriez pleurer, souriez un peu, ça redonne l'espoir, ne dites pas que, ça ne va pas, mais dites plutôt que, tout va bien par la grâce de Dieu, après votre prière, vivez déjà l'exaucement(1 Jean 5:14,15), Chantez déjà la victoire avant qu'elle vienne vers vous, très souvent l'attitude met le diable en confusion, parce qu'il ne connait pas, pourquoi vous êtes dans cet état, ça c'est un mystère, comme de la même façon que David avait chanté la victoire devant Goliath.

→ **Adorer votre Créateur :** l'adoration après la prière, nous apporte la victoire, et elle parachève notre prière (Psaumes 50 :15).

→ **Honorer votre vœu :** Dieu vient de faire sa part, maintenant c'est à votre tour de faire la vôtre, ne jouez pas au malin.

Cette prière peut même changer la décision de Dieu, nous retrouvons cela dans (2 rois 20 :1 à 7), lorsque Dieu envoya son serviteur le prophète Esaïe, dire au roi Ezéchias, qu'il devrait mourir, celui-ci à son tour, tourna sa face contre le mur et pleura devant Dieu, pour obtenir grâce, pendant que le prophète était encore dans la cour royale, le même Dieu, changea sa décision. Peu importe nos erreurs, quand Dieu nous regarde et voit son œuvre en nous, il nous pardonne, et nous justifie par sa grâce.

11.1.2. Reconnaître son identité et sa solution

Si vous voulez parler d'une solution, il y'a une solution qui est là aux cieux, s'il y'a des situations très difficiles que vous traversez, dites à ces situations combien votre Dieu est grand, dites à ce problème-là, qu'il y'a un homme, qui est plus grand que ce problème, ne dites pas à Dieu la taille de votre problème, mais dites plutôt à votre problème la grandeur de votre Dieu, il est capable de secouer le monde spirituel et même l'univers tout entier.

Le problème c'est de connaître votre identité en Christ, est-ce que vous connaissez votre identité étant fils de Dieu ? lorsqu'on reconnaît son identité, on reconnaît la valeur de ses genoux, lorsqu'on est à genoux, le monde spirituel est ébranler, lorsqu'on est à genoux, il y'a un résultat, il y'a un tout à coup, comme dans la chambre haute, ils priaient, l'Esprit de Dieu est descendu, tout d'un coup, ils parlèrent en langues, ils prophétisèrent, ils furent remplis du Saint Esprit.

11.1.3. Pensées inspirées

Nous sommes appelés à suivre Jésus, celui qui change l'atmosphère du monde ;

Le nom de Jésus-Christ change l'atmosphère ;

Lorsque nous prions le Ciel touche la terre ;

Les hommes et les femmes de prières sont des créateurs de destinées ;

Impose-toi une vie, et tu verras cette vie devenir tienne ;

Change ta façon de prier, et de voir les choses ;

Change ta vie de prières, deviens conquérant ;

Crée l'atmosphère dans ton milieu ;

L'affermissement ne vient que lorsque tu pries beaucoup ;

Sois le premier à amener le mouvement de prières, la puissance dans les cultes ;

Change l'atmosphère de ta maison et de ta famille ;

La présence de Dieu change l'atmosphère ;

L'ère des assoiffés de la prière et du Saint Esprit a sonné.

11.2. La prière avec l'instrumental inspiré

De l'émission prière inspiré du prophète Jérémy sourdril.

Beaucoup pensent que la prière avec l'instrumental a commencé maintenant, ce qui n'est pas vrai ; avec des preuves bibliques nous allons vous confirmer que la présence de Dieu descendait toujours au travers les chants et les instruments.

L'instrumental joue un grand rôle dans le monde des esprits, pourquoi parce que d'abord la musique est l'art de percer l'âme, toutes sortes des musiques sont capables de percer l'âme, donc nous devons comprendre que la musique que nous écoutons, a de l'influence majeur sur notre vie, attention à ce que nous écoutons comme musique, car notre état d'âme en dépend. Le diable a utilisé depuis sa chute, de la musique pour amener beaucoup des gens à la perdition de leurs âmes.

La musique aujourd'hui a une influence très grande dans la transmission, elle passe beaucoup des messages, la musique ou l'instrumental est une pensée de Dieu, pour amener sa présence sur la terre, comme dans les cieux, cette musique crée une atmosphère. Ce n'est pas forcément l'instrumental qui crée l'atmosphère mais c'est l'inspiration derrière l'instrumental et la sensibilité de celui qui prie, en d'autres termes, c'est l'un des moyens les plus faciles que nous utilisons pour centrer nos pensées sur la personne du Saint Esprit.

Comme dans 2 rois chapitre 3, on va faire appel au prophète Elisée, ici Josaphat fait appel pour qu'on demande au prophète Elisée de venir prophétiser, au verset 15 il dit : « *maintenant amener moi un joueur de harpe, et comme le joueur de harpe jouait, la main de l'éternel fût sur Elisée. Et il dit ainsi parle l'Éternel...,* » par ici en lisant la Bible nous comprenons l'importance de la musique, dans les spirituels, si un prophète de la taille d'Elisée avait besoin d'un instrumental pour prophétiser, qu'en est-il de nous ?

David a écrit des psaumes et a fabriqué des instruments, dans la Bible il y'a plusieurs références par rapport à la musique, quand les hommes avaient besoin d'être sensible à la voix de Dieu, quand ils voulaient voir les cieux s'ouvrirent, quand ils cherchaient la gloire de Dieu, comme Saül quand il chercha sa délivrance, on lui amena David pour jouer à la harpe, pour chasser les mauvais esprits sur les gens, la musique faisait descendre l'onction sur les gens et les esprits impurs partaient.

« *Le peuple de Dieu est un peuple composé de chantres et de lévites, 1chroniques 23 :5. David fabrique les instruments, ces instruments retentissaient pour louer Dieu, et le célébrer. Dans le même livre au chapitre 25, ils ne savaient pas seulement chanter, mais ils enseignaient aussi avec leurs instruments* ». Prophète Jérémy sourdril

L'ère est arrivée où Dieu va nous apporter l'inspiration pour le bien de son peuple, pour qu'ils atteignent une autre dimension de l'Esprit, pour que la vie de son peuple change, monte de gloire en gloire, de puissance en puissance.

11.3. La prière par détermination

Cette prière par détermination est l'une des prières les plus prometteuses de la vie chrétienne que je n'ai jamais vu, vous vous rendrez compte que cette prière change des situations très difficiles.

Plusieurs fois j'ai eu cette soif de parler à Dieu et de l'entendre, mais chaque jour c'était toujours difficile pour y arriver.

Une nuit j'ai pris la décision de faire une prière par détermination, une foi intense a envahi mon esprit, je disais des choses que moi-même normalement je ne pouvais pas dire aussi facilement.

Je voulais tout simplement parler avec Dieu, je pouvais dire, aujourd'hui soit j'entends ta voix me parler soit tu viens ici et maintenant que je te voie, c'est aujourd'hui ou rien, j'en ai marre d'être prophétisé par les autres, parle-moi, soit tu parles soit tu donnes un signe.

Juste après cette prière, Dieu est effectivement descendu et il m'a parlé pour la première fois de ma vie, j'ai eu des précisions et des explications, je lui posais tant des questions et il répondait. Comme il dit dans sa parole : invoque-moi je te répondrai, je t'annoncerai des choses cachées que tu ne connais pas (Jérémie 33 :3).

Cette détermination est liée à la dimension de la soif que vous dégagez pour avoir la réponse, dire à Dieu il est hors de question que tu me laisses tomber, soit tu descends vers moi soit je monte vers toi, il n'y a pas d'autres alternatives, soit tu me parles soit tu m'écoutes, et le plus grand niveau dans la prière est d'entendre Dieu.

« *La prière a des niveaux, demander n'est pas le plus haut niveau, c'est entendre après avoir demandé qui est le plus haut niveau, si vous avez toujours été un demandeur, allez plus loin, écoutez aussi, n'écoutez pas seulement mais faites aussi* » Pasteur Marcello TUNASI. Je vous assure, chaque fois que je prie de la sorte, il y'a toujours eu un résultat. J'ai des témoignages palpables, je ne peux pas tout écrire si non, mon désir est de vous voir aller plus loin que moi-même. Expérimenter à votre façon en suivant les instructions de ce livre.

L'ère a sonné où les portes de cieux sur nous doivent s'ouvrir et la soif de la prière au sein de l'Église doit croitre sept fois plus qu'à l'époque des Apôtres. Dans la présence de Dieu nous recevons les inspirations de la part du Saint Esprit, pour régénérer une nouvelle version de nous, un style, un modèle, une vie que les autres imiteront, une vie marquée par la différence, une expérience vécue, une prière efficace pour sa gloire et sa beauté, dans ce moment Dieu vient vers l'homme pour lui parler.

Notre Dieu est merveilleux, il n'est pas limité, dans sa présence nous trouvons la vraie soif de la prière, la perfection, la paix, la gaieté et nous devenons comme lui. Vivre pour sa gloire c'est ce qu'il veut de nous.

11.4. La Prière en esprit

« Car si je prie en langue, mon esprit est en prière, mais mon intelligence demeure stérile. Que faire donc ? Je prierai par l'esprit, mais je prierai aussi avec l'intelligence ; je chanterai par l'esprit, mais je chanterai aussi avec l'intelligence ». (1 corinthiens 14 :14,15). L'un des plus grands exercices spirituels qui soient est de prier en langues chaque jour.

Votre esprit est alors en contact direct avec le Père des esprits. *« En effet celui qui parle en langue ne parle pas aux hommes, mais il parle à Dieu, car personne ne le comprend, et c'est en esprit qu'il dit des mystères »*. (1 corinthiens 14 :2). C'est votre esprit qui est en prière lorsque vous parlez en langues, le Saint Esprit vous donne de vous exprimer ainsi, Paul dit : *« car si je prie en langue, mon esprit est en prière... »*. La prière en langues est un atout majeur pour combattre la peur, quand vous avez peur priez, la peur combat la foi, et la prière en langues fortifie la foi.

« *J'ai toujours suivi cette ligne de conduite : à savoir parler abondamment en langue tous les jours, cela permet à mon esprit de rester en contact avec le Père des esprits, cela m'aida à devenir davantage conscient de mon esprit* ». Kenneth heggin

Produisez l'impact par vos prières en langues.

Produisez les mystères que le monde ne peut comprendre.

Produisez la foi qui déchire et déplace les montagnes.

Produisez la soif de la prière du feu dévorant.

L'Église en ce temps de la fin a besoin du Saint Esprit, pour être conduite dans le surnaturel, une Église embrasée par le feu de l'Esprit, une Église purement mâture dans le domaine de la prière, celle qui changera le monde. L'impact du Saint Esprit nous l'avons grâce à la prière en esprit, une nuit je priai d'un coup j'étais connecté à l'Esprit de Dieu et je pouvais chanter en langue, c'était merveilleux ce moment-là. Dieu pouvait chaque fois m'interrompre pour me parler et je devrais écrire.

12. Recommandations

Ces recommandations sont l'ensemble des choses à éviter dans notre vie de prière, une solution palpable pour lutter contre les obstacles à une prière efficace et les ennemis de la prière.

12.1. Les choses à éviter lorsque nous prions

Parmi tant de choses à éviter lorsque nous prions, il y'a certainement ces choses qui font écrouler les enfants de Dieu facilement, seulement parce qu'ils sont déconnectés de la présence de Dieu.

La distraction : une chose très dangereuse que l'ennemi utilise pour déstabiliser les hommes en pleine prière, s'il y'a des choses qu'il faut anéantir avant tout dans la prière c'est la distraction, dans la distraction la prière devient imprécise, vous risquez de dire de n'importe quoi car vous êtes attiré par une chose ou une personne, aujourd'hui notre génération est plongée dans la distraction totale par rapport à la prière, l'homme moderne est devenu insensible à la prière.

Le voyage de pensée : le voyage de pensée est une forme de distraction qui se plonge dans la prière d'une personne de sorte que la personne se sente ailleurs et parfois tout ce qui se passe sur place, elle ne capte rien car son esprit est bloqué quelque part, dans ses pensées, ses problèmes, ses réflexions.

La pensée négative : dans la prière nous devons toujours avancer positivement pour devenir des héros, la pensée négative nous déconnecte de la foi et nous laisse sur une piste des questionnements et de crainte. Le pire ennemi de la soif et de la foi.

L'impressionnisme : lorsque vous priez, faites votre prière pour la gloire de Dieu, ne fabriquez pas des choses pour attirer l'attention des gens, un vrai adorateur n'a pas besoin de sa propre gloire mais plutôt de la gloire de son Créateur. Dieu n'aime pas se produire en spectacles, *« il se moque de moqueurs et fait grâce aux humbles »* (proverbe 3 :34).

L'impressionnisme, l'erreur que j'ai commise quand j'étais au début de ma nouvelle vie en Christ, et Dieu m'avait corrigé dans son amour et m'a appris, en me disant : je ne suis pas dans le parler en langues, ni dans les dons, mais je suis dans ma parole. Ce jour inoubliable, l'esprit de Dieu m'avait enseigné la vraie façon de prier, qui consiste à prier étant guider par le Saint Esprit et non par les dons.

Depuis ce temps je ne planifie rien et je laisse Dieu lui-même s'organiser, il n'a pas besoin de notre aide. Je peux commencer ma prière et je ne sais pas quand Dieu va me parler, et quand l'Esprit peut me saisir, tout ceci par le discernement de l'Esprit. Il se moque de moqueurs et fait grâce aux humbles, notre Dieu est tellement puissant, mais il n'aime pas les spectacles, il se révèle dans la simplicité.

Prier pour prier : l'habitude dans la prière est une forme de distraction qui permet au Diable d'agir, parce qu'il connaît que nous avons toujours l'habitude de ne pas mettre du sérieux dans la prière, parfois même nous cherchons à s'habituer de Dieu, or Dieu ne réside pas dans des choses archaïques. Chaque fois il change des stratégies et de directives.

Avoir tendance à revenir sur des mêmes requêtes : même le Diable connait par où nous commencerons et par où nous finirons la prière, les mots clés que nous allons utiliser, ceci lui permettra de s'organiser pour passer à l'offensive. Mais si notre prière demeure un mystère chaque fois que nous prions avec l'aide du Saint Esprit, le Diable sera toujours neutralisé. Que notre prière demeure un mystère pour notre ennemi

Ne pas changer le programme : il est d'une importance très capitale de changer son programme surtout quand il s'agit de la prière, nous devons être conduit par l'Esprit et non par la chair, vu que l'ennemi peut aussi s'organiser étant donné qu'il connait déjà l'heure à laquelle nous prions, il peut donc planifier pour nous empêcher de le faire, mais si nous improvisons de fois c'est une bonne stratégie pour le surprendre.

Couper la prière pour des raisons purement charnelles : nous devons être discipliner pour bien évoluer dans le domaine spirituel, la prière étant un monde des esprits, elle ne doit pas être associée aux œuvres de la chair, quel que soit l'importance de la chose, organisons-nous de sorte que ça ne coïncide pas avec nos moments d'intimité avec Dieu. Activez le mode avion dans votre portable si possible, déconnectez-vous totalement de ce qui est charnelle lorsqu'il s'agit de prier, si vous utilisez un téléphone pour les chants ou les instrumentaux, faites-le en ordre pour la gloire de Dieu.

Nous pouvons utiliser les recueils des cantiques inspirés, sans être en dehors de la présence de Dieu, nous devons être toujours connecter à lui. Si vous n'avez pas encore assez d'expérience par rapport à ça, éloignez carrément les contacts physiques pour bien nourrir votre âme en esprit. Nous sommes une génération des hommes et des femmes de feu dévorant, et pour atteindre cette dimension il suffit de se déconnecter du monde et nous ferons des grandes choses qui vont même dépasser nos attentes.

Chaque prière nécessite la présence du Saint Esprit et la gloire de Dieu, faisons donc l'effort d'y arriver, sinon, notre temps sera considéré comme perdu, chaque prière doit laisser des traces dans notre vie, les résultats, les conséquences de la soif, donc si nous faisons une prière nulle et sans effet dans le monde spirituel, cela ressemble aux bruits. Une prière incorrecte est définie par l'absence de la personne du Saint Esprit.

12.2. Quelques obstacles à une prière efficace

L'obstacle majeur à une prière efficace est la présence de péchés non confessés par celui qui prie. Parce que notre Dieu est Saint, il y'a une barrière entre lui et nous, quand nous venons devant lui avec un péché non confessé dans nos vies. « *Mais ce sont vos crimes qui mettent une séparation entre vous et votre Dieu* » (Esaïe 59 :2). David savait cela, il avait expérimenté lui-même que Dieu est loin de ceux qui essayent de cacher leurs péchés : « *si j'avais conçu l'iniquité dans mon cœur, le Seigneur ne m'aurait pas exaucé* » (Psaume 66 :18).

12.2.1. La chair

La Bible fait référence à plusieurs catégories de péchés faisant obstacle à une prière efficace. La première est celle de la chair. Quand nous vivons selon la chair et non selon l'esprit, notre désir de prier et notre capacité de communiquer normalement avec Dieu est entravés.

12.2.2. Prière stérile

Faire une prière stérile qui ne produit aucun effet spirituel, une bonne prière dans les paroles mais rien du spirituel, ainsi nous allons prendre des heures sans cesse et rien au final.

Une nuit je suivais une prédication du prophète Jérémy Sourdril et d'un coup l'Esprit m'a saisi et j'ai commencé à parler en langues des choses que je n'avais pas prévu, et Dieu m'a dit de l'écrire, moi j'avais prévu de prier à 03h du matin mais brusquement l'Esprit Saint a organisé les choses à sa façon, aucune fois dans ce moment j'ai cité quelque chose dans une langue que je connaissais. Dieu m'a fait comprendre une chose par rapport à la prière stérile.

Une prière stérile qui ne porte aucun fruit, c'est l'image d'une personne qui depuis qu'il a cru, demeure toujours la même personne comme avant, il est d'une importance capitale de savoir comment porter du fruit, l'image d'une personne qui grandit dans la prière chaque jour. Comme l'une de ces nuits où j'ai prié pas seulement, qu'il m'a imposé, mais parce que cette prière me fortifiait aussi et il m'a inspiré beaucoup de choses grâce à ma sensibilité. Soyez sensibilité à la voix de Dieu pour voir vos prières devenir porteuses des fruits.

Quels sont nos moments avec Dieu ? À quoi ressemble notre intimité avec lui ? Faisons comme Jésus et comme les apôtres tous priaient, et chaque fois dans une prière qui est purement spirituelle, il y'a toujours des résultats très inattendu qui ébranlent même la personne en prière, Pierre sorti de la prison comme dans un rêve, de même quand il était avec Sillas les portes s'ouvrirent et les chaînes tombèrent à terre, le garde de la prison fût saisi de crainte ; notre Dieu n'est pas limité il est fortement puissant.

Parlons selon ce que Dieu nous met au cœur pour l'édification et l'affermissement de son peuple, la stérilité dans la prière est dû à l'absence de la présence de Dieu, et à l'indisponibilité de la voix du Père qui nous parle si souvent, très durement ému, j'ai compris qu'il est aujourd'hui très possible de vivre la gloire de Dieu, mais à une condition être sensible à l'écoute de sa voix, être porteur de fruits.

12.2.3. La manque de la méditation

La manque de la méditation fait partie des problèmes très retrouver dans la vie de prières des plusieurs chrétiens, ils se contentent de parler à Dieu, mais lorsqu'il s'agit d'écouter Dieu ils dorment déjà c'est pourquoi beaucoup de vos prières sont inefficaces, pas parce que peut être vous avez Mal prié, mais juste que vous n'avez pas attendu la réponse que Dieu devrait vous donnez, lorsque vous priez et que vous finissez, prenez aussi le temps de méditer pour voir si Dieu peut parler.

Et il peut utiliser n'importe quel canal pour nous parler comme par exemple sa parole la Bible, une parole de connaissance approfondie, un livre inspiré comme celui-ci, une voix qui nous communique quelque chose, une vision, où encore un signe, ainsi notre prière sera correcte et efficace.

12.2.4. Le doute un obstacle majeur de la prière

Le pire encore est de demander quelque chose au Père en ayant le doute, nous devons savoir que notre Dieu est capable de tout.

Le doute fait aussi partie des difficultés qui rendent la prière inefficace, lorsque nous prions. Soyons sûr de notre Dieu, pourquoi avoir des questions qui ébranlent notre esprit ? Plus nous montons dans la prière plus la peur augmente, c'est purement diabolique et le doute vient du diable, son travail et de déstabiliser notre esprit avec le doute sur l'exaucement de la prière et sur l'existence de

Dieu, or ceci implique directement la stérilité dans la prière.

Jésus nous aime, il nous apporte ce message pour que nous trouvions sur quoi placer une fondation stable et durable, l'affermissement de notre âme est la priorité de Jésus.

Je vais dire, parfois les choses que nous faisons les choses que nous rencontrons, parfois nous pousse à douter de l'existence de Dieu, les circonstances de la vie, peuvent pousser quelqu'un à douter de la puissance et la capacité de Dieu.

Mais une personne dans la Bible nous amènera à comprendre que Dieu existe malgré tout, regardez la vie de Job, une vie méprisable, il quitte une grande dimension pour une petite dimension, de la richesse à la pauvreté, de l'élévation à l'humiliation, il a perdu même ses proches.

Mais il n'a pas douté de l'existence de Dieu, il n'a pas cessé d'aimer son Dieu, une autre personne dans la Bible, Anne à Silo, elle pleura devant l'Éternel, pour avoir Samuel, les insultes de Penina Ne l'intéressait pas, et aucune fois elle n'a jamais dit que Dieu n'existe pas.

Elle avait une certitude dans son cœur. Quel que soit les problèmes et les humiliations que vous auriez croisées, quel que soit les insultes et les accusations injustes à votre endroit, ne doutez pas de l'existence de Dieu, de son amour pour vous, attachez-vous à sa parole.

Restez toujours fidèle, notre Dieu est là pour exaucer à vos prières, dans sa parole il est écrit : les projets de bonheur et de paix accompagneront ceux qui ont crû.

Un enfant de Dieu ne doute jamais de la présence de son Père, de ses miracles, de sa force et de sa capacité, même pas de sa grâce et ses merveilles. Il est merveilleux notre Dieu, et il nous fait toujours grâce.

Si vous me lisez en ce moment je suis en train de vous édifier pour vous dire, ne baissez pas les bras, battez-vous comme si c'était la dernière fois, s'il faut adorer, adorez comment si c'était la dernière fois, s'il faut prier, priez comme si c'était la dernière fois. Soyez sûr d'une chose Dieu n'est pas limité.

Dieu n'échoue jamais malgré les problèmes dans votre parcours, si pour une femme qui avait déjà 90 ans, il a donné un fils "Isaac" ce n'est pas votre cas qu'il va échouer.

S'il a ouvert les yeux d'un aveugle né de naissance, ce n'est pas avec vous qu'il va échouer.

Si Dieu a changé la vie de Joseph un prisonnier, de la prison au poste de premier ministre de l'Égypte, avec vous c'est possible.

J'aimerais dire à quelqu'un que Dieu ne peut jamais échouer ses projets pour nos vies, mais dans cette matière votre position compte aussi.

12.3. Les ennemis de la prière

Nous sommes censés connaître les ennemis majeurs de la prière, pour devenir meilleur.

Les péchés : une vie basée sur les péchés est complètement déconnectée de Dieu et une vie déconnectée de Dieu est-elle connectée à la prière ? La réponse est non. « *L'âme qui pèche, c'est seul qui mourra* » (Ezéchiel 18 :20). Notre âme est sensée vivre grâce à la prière qui est sa vraie nourriture, elle va donc mourir à cause des péchés, nous remarquerons que nous devenons faibles lorsqu'il s'agit de prier, nous devenons très lourd et coupable, parfois même nous manquons la soif de Dieu, la soif de la prière, l'envie d'être dans sa présence.

L'incrédulité : *« or la foi est une ferme assurance des choses qu'on espère, une démonstration de celles qu'on ne voit pas »* (Hébreux 11 :1). La foi est la seule chose qui peu combattre l'incrédulité qui est un grand péché, nous prions parce que nous croyons que par la prière nos problèmes sont résolus.

L'excès de table : 1Pierre 4 :3 ; Galates 5 :21, les excès de table, et les choses semblables, sont des ennemis de la prière, nous devons prendre soin de notre ventre car, le ventre est une partie très spirituelle de notre corps, regardons lorsque nous prions à genoux, pourquoi nous touchons notre ventre lorsque nous montons en puissance et en esprit ? Dans le ventre sors une flamme qui nous donne la soif de la prière. Alors contrôlons bien notre alimentation, pour ne pas nous affaiblir dans la prière.

L'égoïsme : quand la prière est motivée par l'égoïsme, quand nous demandons à Dieu ce que nous désirons plutôt que ce qu'il veut de nous. Nous avons auprès de lui cette assurance lorsque nous demandons quelque chose selon sa volonté, Jésus doit être notre modèle dans la prière. Les prières égoïstes sont toujours celles qui visent à satisfaire nos désirs charnels et égoïstes et nous ne devrions pas alors nous attendre à ce que Dieu exauce de telles prières. « *Vous demandez, et vous ne recevez pas, parce que vous demandez mal, dans le but de satisfaire vos passions* » (Jacques 4 :3).

La discorde : la discorde dans nos maisons, est un ennemi et un obstacle majeur dans la prière. Pierre souligne cela lorsqu'il fait mention de prières d'un homme dont l'attitude vis-à-vis de sa femme est pour le moins irrespectueuse (1pierre 3 :7). Les prières de l'époux à son Dieu seront entravées. De même, les épouses doivent respecter les principes bibliques de la soumission de l'épouse à son époux.

La vie de mensonges : examinons nos vies maintenant, et trouvons ce qui peut nous empêcher de faire une prière agréable à Dieu.

Le manque de l'amour pour soi et pour les autres : nous ne pouvons pas prétendre aimer les autres, si notre façon de prier dit le contraire, l'amour joue un grand rôle dans la prière on ne peut pas prier pour quelqu'un qu'on n'aime pas, or un chrétien ne doit pas avoir de la haine dans son cœur contre son prochain. Un Chrétien qui ne prie pas régulièrement, n'a pas l'amour pour lui-même, et comment pourrait-il dire qu'il aime les autres ?

Jésus est amour, c'est pourquoi il est mort pour nous, enfin que par lui, tous soient sauver, son amour entre en nous et nous changeons en devenant de vrais imitateurs. Avons-nous de l'amour pour nous même ? est-ce que nous prions pour nous même ? L'amour pour notre nation l'avons-nous ? Est-ce que nous prions pour notre pays, pour les orphelins, pour les misérables, pour les païens, et pour les injustes sur terre ? Le vrai amour c'est quand nous nous décidons de prier pour les autres, lorsque nous prenons les problèmes de notre société à cœur, une personne sans la vie de prière, est comme un ordinateur sans carte mère.

Le sommeil : entraînons notre corps à dormir peu et à rester éveillé longtemps dans la prière, le sommeil tire notre force et nous empêche de bien prier, donc le sommeil devient une attaque, contrôlons bien nos heures de repos, reposons-nous suffisamment pour ne pas nous affaiblir lorsqu'il s'agit de prier.

Mauvaise atmosphère : l'atmosphère que vous créez autour de vous, et dans laquelle vous vous trouvez, importe beaucoup, si vous vous retrouvez avec des personnes qui sont faibles dans la prière, des croyants charnels, il est possible que vous soyez traîné dans l'imposition de cette mauvaise atmosphère

Pauvre alimentation de l'homme intérieur : nourrissons notre âme comme il faut, si notre esprit n'est pas bien nourri, nous ne pourrons pas devenir des héros de la prière, nous n'écoutons pas des prédications, nous ne lisons pas des livres sur la vie chrétienne, nous devenons faibles chaque jour.

L'inquiétude : pour avancer positivement dans la prière, mettons de côté les inquiétudes, ravivez votre zèle pour la prière.

Conclusion

Nous Sommes du même avis que, la prière est un outil indispensable à notre vie terrestre, la meilleure nourriture pour notre homme intérieur, une respiration profonde de l'âme. Par-là nous comprenons que, dans le monde spirituel, elle est d'une importance très capitale, par rapport à d'autres activités spirituelles. Et si nous voulons bien prier, nous devons obéir à ce que l'Esprit nous demande de faire, nous devons savoir quelle position, il nous impose, ainsi nous pourrions l'expérimenter dans toute sa totalité. 1 Pierre 4 :7 « *la fin de toutes choses est proche. Soyez donc sages et sobres, pour vaquer à la prière* ».

Étant l'un des défis majeurs pour plusieurs d'entre nous, la bonne nouvelle et que nous avons trouvé une solution palpitante à ce grand problème qui nous rongeait avant, maintenant nous savons que la meilleure façon de redéfinir la prière, et de le faire avec la personne du Saint Esprit, qui est notre guide principal, sans aucun doute, nous savons maintenant que la prière n'est pas une belle réflexion, mais une inspiration de l'Esprit, parler bien français ou l'anglais ne fera pas de nous des meilleures personnes dans la prière, les belles paroles, les inspirations qui viennent du monde et autres contenus pour embellir une prière, si cela ne vient pas de l'Esprit de Dieu, nous serons encore au bas de l'échelle, tout ça pour rien au final. Sachez bien-aimés, être intellectuel et intelligent est très différent d'être remplis du Saint Esprit, chose importante.

Nous comprenons maintenant que, le spirituel et la réflexion sont deux choses différentes, dans le spirituel c'est l'Esprit de Dieu qui prie à notre place, une prière selon la volonté du Père, en utilisant notre langue et notre cœur, mais la réflexion est l'utilisation par nous-même de notre cerveau, ce qui rend nos prières très lourdes. Et la meilleure stratégie pour redéfinir la prière selon Dieu, est qu'à chaque fois que nous nous retrouvons en prière, nous devons amener notre niveau de la soif plus haut qu'avant, nous devons prier comme si c'était la dernière fois, en maximisant notre temps. Vivons dans la prière car notre vie en dépend et notre esprit aussi.

Nous croyons que par ce livre inspiré beaucoup d'entre vous auront un Esprit de prière. « *Car ce qui fait notre gloire, c'est ce témoignage de notre conscience, que nous sommes conduits dans le monde, et surtout à votre égard, avec sainteté et pureté devant Dieu, non point avec une sagesse charnelle, mais avec la grâce de Dieu. Nous ne vous écrivons pas autre chose que ce que vous lisez, et ce que vous reconnaissez. Et j'espère que vous le connaîtrez jusqu'à la fin. Comme vous avez déjà reconnu en partie que nous sommes votre gloire, de même que vous serez aussi la nôtre au jour du seigneur Jésus »* (2 corinthiens 1 :12,14).

Nous sommes convaincus que ce livre vous a béni et vous a transformé, c'est cela notre prière et notre plus grand désir pour vous. Il suffit de le recommander à quelqu'un d'autre et il ne manquera pas de vous remercier de tout son cœur.

Pour toutes vos suggestions, vos apports, vos conseils et vos dons pour soutenir cette œuvre, veuillez nous contacter par Gmail ou Telegram : jnthnmuetu@gmail.com - +243-844-633-627.

Table des matières

REDÉFINIR LA PRIÈRE. "En réalité dans l'homme c'est l'esprit"

Les versets bibliques cités dans ce livre sont tirés de la version Louis segond 1910

Pour nous contacter : par Telegram et WhatsApp (+243)844-633-627

Gmail : jnthnmuetu@gmail.com
Facebook et Instagram : Ir Jonathan Excellent Muetu
Infographie et mise en page : Remy CISUKU BAMANAYI

Printed by Books on Demand GmbH, Norderstedt / Germany